AF524955

Geschichten vom Federvieh

Myriam Hoffmann

Geschichten vom Federvieh

Zwölf (fast) wahre Geschichten
aus dem Hühnerstall

Band I

Für Oma und Papa –
wo auch immer Ihr seid,
ich weiß, Ihr lest mit …

Impressum

Bibliografische Informationen der Deutschen Nationalbibliothek
Die Deutsche Nationalbibliothek verzeichnet diese Publikation in der Deutschen Nationalbibliografie; detaillierte bibliografische Daten sind im Internet über
http://dnb.d-nb.de abrufbar.

ISBN: 978-3-95894-142-7 (Print) / 978-3-95894-143-4 (E-Book)

Am Friedrichshain 22 / 10407 Berlin / info@omnino-verlag.de
www.omnino-verlag.de

E-Book-Herstellung: Open Publishing GmbH

Inhalt

Was vorneweg ...

Aufs Huhn gekommen bin ich im Herbst 2018. Ursprünglich geplant waren drei bis vier Hennen, diese Eierproduktion schien mir ausreichend.

Womit ich nicht gerechnet habe, war, dass diese Miniraptoren so wunderbar eigenwillige und selbstständige Kerlchen sind. Jedes hat seinen eigenen Charakter und der wird auch ausgiebig ausgelebt. Sie haben ihren Tagesablauf, machen gerne hier und da ein Nickerchen (am liebsten vor der Haustür, sodass wir weder rein- noch rauskönnen), sind erfindungsreich, unglaublich verfressen, manche verschmust, andere nicht, zum Teil sehr anhänglich (oder – wie böse Zungen behaupten – einfach nur in ständiger Erwartungshaltung auf Leckereien) und rundherum liebenswert.

Aus den maximal vier Hennen sind mittlerweile neun Hennen und ein Hahn geworden. Meine Hühner haben Namen, sind vollwertige Familienmitglieder und ich möchte unser tägliches Miteinander nicht mehr missen.

Ich hoffe, Ihr habt Spaß an den Hühnergeschichten, ich habe versucht, sie so originalgetreu wie möglich wiederzugeben.

Myriam Hoffmann lebt seit 2018 mit Kind, vier Katern und zehn Hühnern in ihrer Wahlheimat Schleswig-Holstein auf dem Land.

Ähnlichkeiten mit lebenden Hühnern sind durchaus beabsichtigt.

Möge die Macht mit dir sein!

Pippi: „Also los, Mädels, wer macht heute was?"

Horst: „Ähämmm!"

Pippi (die Augen verdrehend): „Mädels und HORST!"

Bärli: „Ich bin mal wieder dran mit Beet umgraben. Das vor der Haustür. Das sieht viel zu ordentlich aus."

Pippi: „O. k., vergiss die frisch eingepflanzten Christrosen nicht. Alle drei."

Bärli: „Wird erledigt!"

Freya: „Ich verjage die Spatzen. Und die blöde fette Elster. Die hat schon wieder so geschaut! Die schaut immer so!"

Pippi: „Schauen geht gar nicht!"

Roswitha: „Ich helf dir später dabei! Ich hab Zeit, ich leg heute nicht."

Pippi: „O. k. Weitere Vorschläge?"

Freya: „Vor der Haustür ist frisch gekehrt und gewischt."

Pippi: „Wunderbar! Wer hat alles Joghurt gegessen? Freya, Adele, Roswitha?"

Roswitha (hampelnd): „Könnt ich gleich erledigen."

Freya: „Möge die Macht mit dir sein!"

Pippi: „Sehr gut! Wer versteckt heute seine Eier? Adele?"

Adele: „Mache ich! Hab schon sieben im Nest unter der Stachelbeere und sie finden es nicht."

Alle kichern.

Horst: „Heute Nacht war bis drei Uhr Licht. Ich könnte dann zur Mittagsschläfchenzeit ordentlich vor dem Schlafzimmerfenster krähen. Und auch einen Beitrag zur Joghurtabteilung leisten."

Pippi: „Alles klar. Wer fehlt noch? Wer mit seinen Aufgaben fertig ist, bitte zum Gänsestall kommen. Den drehen wir auf links. Nächstes Treffen gegen Mittag im Graben auf der Pferdekoppel! Los geht's, Mädels!"

Horst: „ÄHÄMM!"

Pippi: „Und HOOORST!"

Hasta la vista, Baby!

Freya: „Besetzt!"

Ich: „Aber ich will doch nur kurz –"

Freya: „Nein!"

Ich: „Aber ich –"

Freya: „NEIN!!!"

Ich trete den Rückzug an. Freya sitzt in einer der drei Legeboxen, genauer gesagt, in DER Legebox. Die linke Box ist tabu, da schläft nachts die Brahmadame Bärli drin. Die in der Mitte muss verseucht sein und nur unter Todesstrafe betretbar. Da hat meines Wissens noch nie ein Huhn irgendetwas drin gemacht. Und nur in der rechten Box ist es erlaubt zu legen. Wenn sie es nicht wieder furchtbar witzig finden, mich unter stacheligen Büschen nach ihren versteckten Eiern suchen zu lassen, dann wird der Reihe nach (manchmal auch zu zweit oder zu dritt aufeinandergestapelt) in dieser Box gelegt.

Unter Freyas missbilligenden Blicken traute ich mich nicht mal, im Stall Ordnung zu machen. Vor dem überdachten Auslauf reche ich noch das verschmähte Gemüse von gestern zusammen, kehre den Weg zum Haus, da kommt Freya endlich raus.

Freya: „Ich hab es schon hundert Mal, ach was, TAUSEND Mal gesagt! WENN ich meinen Erledigungen nachgehe, möchte ich nicht gestört werden. Ich habe hier eine wichtige unaufschiebbare Mission zu erfüllen. Muss ja schließlich alles seine Ordnung haben. Und du? Kommst hereingetrampelt! Ohne jeeeeegliche Rücksicht!“

Ich: „Aber ich wollte doch nur –“

Freya (die Brust gebläht wie ein Kampfhahn): „Ich habe ein prachtvolles Ei gelegt. Das schönste Ei, das je ein Huhn auf dieser Erde gelegt hat. Das Ei aller Eier! Tataaaaaaaaaaaaa!“

Ich: „Gratuliere. Aber echt jetzt, ich wollte –“

Freya schüttelt das Gefieder auf, kackt auf den frisch gekehrten Weg und lässt mich stehen. Ich stelle den Besen weg und gehe ins Haus, wo ich mich daran erinnere, dass ich ja eigentlich Eier holen wollte. Also zurück in den Stall. Beim Griff in die rechte Legebox greife ich in warmes pluschiges Gefieder. Ich bücke mich und schau nach. Platt wie ein Pfannkuchen füllt Bärli die gesamte Box aus. Sie erinnert mich in ihrer Sanftheit immer an ein Hausmütterchen. Fehlen nur die gefältelte Spitzenhaube und die gestärkte weiße

Schürze. Immer lieb, bedächtig, leise. Auch jetzt werde ich nur sanft gerügt.

Bärli: „Weißt du, es ist nicht immer einfach, so eine Aufgabe richtig zu erledigen. Ich muss mich da konzentrieren. Ich will es ja richtig machen. Und – mal unter uns – wer hat nicht Angst vor Legedarmentzündung oder Schichteiern? Da könnte ich dir Geschichten erzählen ..."

Ich (kleinlaut): „Entschuldigung."

Bärli: „Nun ja, ein bisschen Rücksichtnahme erwarte ich schon. In zehn Minuten ist Roswitha an der Reihe. Ich stehe unter Druck. Wie soll ich denn so arbeiten?"

Ich (seufzend): „Ich gehe ja schon."

Bärli (belehrend): „Ich meine ja nur. Du findest es ja auch nicht gut, wenn man dir dabei zuschaut, oder? Findest du das etwa gut?"

Ich: „Aber das hält euch nicht davon ab, euch auf die hintere Veranda auf die Bank zu setzen und ins Badezimmerfenster zu schauen."

Bärli (entrüstet): „Ich nicht!"

Ich: „Ja, stimmt, du nicht."

Aber nur, weil sie zu behäbig ist, um auf die Banklehne zu flattern, sonst säße sie mit Sicherheit auch bei den anderen. Aber da ich ihre Gefühle nicht verletzen will, weise ich sie nicht darauf hin. Bin ja schon froh, dass Hühner keine Smartphones bedienen können, sonst würde ich mit Sicherheit Fotos von mir im Bad im Internet betrachten können.

Bärli (mich rauswinkend): „So entschuldige mich jetzt bitte, ich hab zu tun. Hasta la vista!"

Also gehe ich ohne Eier wieder ins Haus. Auf dem Weg höre ich die Hühnis noch immer leise vor sich hin brebeln, ich weiß gar nicht, ob sie mitbekommen hat, dass ich nicht mehr da bin. Roswitha kommt mir eiligen Schrittes entgegen.

Ich: „Bärli ist noch nicht fertig."

Roswitha (im Vorbeieilen): „Das ist ja mal wieder typisch. Hier hält sich kein Huhn an die Regeln. Wofür losen wir das denn jeden Tag aufs Neue aus? Hm? Ich bin jetzt dran! Ich habe mich extra auf den Termin vorbereitet!"

Ich gehe ins Haus. Mit einem leeren Eierkörbchen. Morgen früh werde ich mich zum täglichen Gesprächskreis dazugesellen. Dann trage ich mich für ein Zeitfenster ein, in dem ich die Eier abholen darf.

Muss ja schließlich alles seine Ordnung haben.

Das Leben ist wie eine Pralinenschachtel ...

Es ist kurz nach 17:00 Uhr und schon ziemlich dunkel. Die Hühnis haben beschlossen, ins Bett zu gehen, und sitzen auf der Stange, Bärli in ihrer Kiste. Alle sind satt und zufrieden mit ihrem Tagwerk und brummen und brebeln leise vor sich hin.

Ich: „Sooo, gute Nacht, Ihr Lieben, schlaft schön. Morgen wird es aufregend. Da kommen zwei Neue. Seidis. Ihr werdet sie mögen!"

Mit diesen Worten schließe ich die Tür.

Entsetztes Schweigen.

Dann gackern alle laut durcheinander. Horst kräht vor Aufregung.

Pippi: „Was? Ich meine WAS???"

Horst kräht erneut.

Roswitha: „Neue? Wozu? Warum? Was ist denn geschehen? Ist sie nicht mehr zufrieden mit uns? Legen wir etwa nicht mehr genug? Schmecken unsere Eier nicht? Meine Eier sind perfekt, bildschön, wunderbar grün. Was gibt es daran auszusetzen?"

Horst kräht und verschluckt sich dabei.

Freya: „Horst! Halt endlich den Schnabel, man versteht sein eigenes Wort nicht mehr!"

Pippi: „Hoffentlich ist es nicht wegen meiner Mehlwurmphobie."

Roswitha (murmelnd): „Einbildung ist auch eine Bildung."

Horst: „Wer hat alles seine Eier versteckt diese Woche?"

Betretenes Schweigen.

Adele (kleinlaut): „Aber das war doch so abgemacht."

Pippi: „Ja, bei dir! Wer noch?"

Es raschelt. Roswitha und Freya heben die Flügel.

Pippi: „Aha! Das kommt davon, wenn man sich nicht an die Absprachen hält."

Bärli: „Es ist nicht fair, die Schuld auf Rosi und Freya zu schieben. Vielleicht hat das ja gar nichts mit uns zu tun? Vielleicht brauchen die beiden einfach nur ein neues Zuhause. Heißen wir sie doch einfach herzlich willkommen und schauen mal, was so geschieht."

Pippi: „Herzlich willkommen? Das können sie haben. Die bekommen erst mal eins auf die Fresse!"

Horst: „Hat sie gesagt, ob es Hennen oder Hühner sind? Hat sie es gesagt? Ich meine, HAT sie es gesagt?"

Bärli: „Nein. Aber sie wird ja wohl keine Hähne holen, wir haben ja dich!"

Roswitha (murmelnd): „Neue Hähne braucht das Land."

Horst (hysterisch): „Und wenn es jetzt wirklich zwei Hähne sind? Große? Blutrünstige? Wie soll ich es denn mit den beiden aufnehmen? Wenn es Kampfhähne sind? Trainierte Kampfhähne? Diese riesigen, mit den absurd langen Beinen und den langen Krallen? Den meterlangen Sporen?"

Roswitha (mit aufgeregtem Unterton hauchend): „Shamo?"

Horst (mit sich überschlagender Stimme): „Ja. Genau. Shamo! Das überlebe ich nicht. Wie kann sie mir zwei ausgewachsene, durchtrainierte, kampferprobte Shamokampfhähne zumuten! Was habe ich getan? Ich krähe fleißig, kümmere mich um euch, ich –"

Freya: „Horst!"

Horst: „Ich verjage Elstern und andere Hähne, ich –"

Freya: „HORST!!!"

Horst: „WAAAS????"

Freya: „Sie sagte Seidis! Diese kleinen puscheligen Dinger. Wattebällchen. Die machst du mit links platt. Komm runter und reg dich ab!"

Horst (erleichtert ausatmend): „Das hatte ich völlig vergessen."

Pippi: „Strategie? Ein Willkommen, das sie nicht so schnell vergessen werden? Schließlich sind sie selbst schuld, wenn sie meinen, jetzt hier die Königinnen sein zu können."

Roswitha: „Na ja, das Übliche halt. Vom Futter vertreiben, durch den Garten jagen, von der Stange schubsen, ihr Gefieder ordentlich umsortieren, die Blödmannaufgaben erledigen lassen ..."

Adele: „Und was, wenn sie uns nicht verstehen? Wenn sie unsere Sprache nicht sprechen?"

Freya (flüsternd): „Was .... Was, wenn sie berlinern?"

Geschocktes Schweigen.

Bärli: „So schlimm wird es schon nicht kommen ... Lasst uns drüber schlafen und morgen im Frühstücksmeeting besprechen wir uns."

Roswitha: „Rutsch mal, Freya. Ich hab überhaupt keinen Platz."

Freya: „Du hast noch meterweise Platz, ich hingegen muss hier an die Wand gequetscht vor mich hin siechen. Ich bekomme bestimmt eine Rippenfellentzündung."

Bärli (bequem und schläfrig aus ihrem Nest murmelnd): „Ich werde nie verstehen, warum ihr alle auf der einen Stange hocken müsst und die andere leer bleibt."

Da keine der Hühnis ihr das erklären kann, richten sie ihr Gefieder, schubsen sich noch ein bisschen hin und her und endlich kehrt Ruhe ein.

Horst: „Gute Nacht, Mädels!"

Hühnis im Chor: „Gute Nacht, Chef."

Eine (ganz leise): „Gute Nacht, John Boy.

Alle kichern.

Dann herrscht endlich Ruhe. Ich gehe ins Haus, mache mir ein wenig Sorgen um die beiden süßen Seidis und schreibe einen Hühnerbestechungseinkaufszettel, der mich mal wieder eine fette Summe kosten wird.

Nobody's perfect!

Heute Nacht um 1:00 Uhr sind die beiden neuen Hühnis angekommen. Der Mann einer Bekannten hat sie liebenswürdigerweise mitgebracht. Bisher wohnten sie über 460 km entfernt. Bei uns im hohen Norden scheinen große Seidenhühner ausgestorben zu sein, trotz intensiver Suche konnten wir keine auftreiben. Erste Bedenken habe ich, als ich die Transportkiste anhebe. Sie ist so leicht, dass ich sie fast nach oben wegkatapultiert hätte. Da sollen ZWEI ausgewachsene große Seidenhühner drin sein?

Seidi 1: „Mir ist schlecht."

Seidi 2: „Reiß dich zusammen, wir sind endlich da."

Seidi 1: „Ich hab Hunger und muss Pipi!"

Seidi 2: „Gibt bestimmt gleich was."

Seidi 1: „Ich friere. Alles Mist hier!"

Ich: „Sooo, ihr Süßis, gleich kommt ihr in den Stall, da gibt es Futter und Wasser. Und ihr könnt euch die Beine ein bisschen vertreten."

Seidi 2: „Siiiiehst du!"

Seidi 1: „Sie hat Süßis gesagt. Ich HASSE das, wenn wir so verniedlicht werden. Wir sind RICHTIGE Hühner!"

Im Stall mache ich eine Taschenlampe an und achte darauf, die auf der Stange hockenden Herrschaften nicht allzu sehr zu stören. Das Gebrebel geht auch gleich los.

Pippi: „Halloooo? Mal auf die Uhr geschaut?“

Ich: „Sorry, ging nicht früher.“

Horst (angespannt): „Hennen oder Hähne?“

Ich: „Hennen natürlich.“

Erleichtertes Aufatmen von Horst, enttäuschtes von Roswitha. Der Rest ist neutral.

Freya: „Ich finde trotzdem, dass es unmöglich ist, uns um diese Uhrzeit zu belästigen. Ich brauche meinen Schönheitsschlaf. Und bin morgen als Erste mit dem Legen dran. Wie soll das gehen, wenn ich stundenlang in der Nacht wach sein muss? Hm? Und dann stehen alle wieder Schlange und meckern. EINE Verzögerung und der ganze Plan ist im Eimer.“

Adele: „Lass sie raus …“

Pippi: „Oh ja, lass sie ruhig raus. Die mache ich platt! Aber so was von!“

Ich öffne den Karton und muss zweimal hinschauen, um die beiden Seidenhühnchen einmal zu sehen. Winzig sind sie. Zu zweit nicht mal halb so groß wie eines unserer „normalen“ Hühner. Oh je ... so war das nicht geplant. Ich hebe sie in den Behelfsstall, von dem aus sich alle sehen, aber nicht gegenseitig verletzen können.

Ich: „Sooo ... schaut ihr beiden, das sind die Großen. Mit denen seid ihr demnächst unterwegs.“ An Horst gewandt: „Und du passt schön auf sie auf!“

Schweigen.

Dann prusten meine Hühnis los. Haltloses hämisches Gelächter ...

Roswitha: „Gröööööhl! Was soll DAS denn sein?“

Adele: „Das sollen Hühner sein?“

Pippi: „Das sind ja nicht mal Küken. Selbst dafür sind sie zu klein!"

Seidi 1 richtet sich auf seine vollen 15 Zentimeter auf und schüttelt sich. Sie zittert und schwankt, aber ihre Stimme ist kräftig (wenn auch sehr hell). „Ich BIN ein richtiges Huhn."

Seidi 2: „Ihr Blödmänner!!!"

Die Damen fallen vor Lachen fast von der Stange, jetzt ist es gut, dass sie so eng gepresst aneinandersitzen, da rührt sich nix. Selbst Bärli – die immer auf Harmonie bedacht ist – wischt sich verstohlen eine Lachträne aus den Augen.

Horst (kriegt sich gar nicht ein): „Hahahaaaaaaaa, das Ding kann sprechen."

Freya: „Na ja ... sprechen ..."

Seidi 1: „Ihr seid alle blöd! Ich kack in euer Essen!"

Ich (im Versuch zu deeskalieren): „Sooooo, jetzt futtert ihr erst mal was. Und morgen sehen wir weiter."

Horst kann sich vor Lachen nicht mehr auf der Stange halten, kippt vorneweg über. Pippi und Freya, die wie immer links und rechts neben ihm sitzen, haben alle Flügel voll zu tun, um nicht mit runterzukippen. Unten angekommen, tut Horst so, als sei das gewollt gewesen (Männer halt), und kommt an die mit Hasendraht versehene Tür. Von dort aus begutachtet er die etwas derangierten Seidis.

Seidi 2 (kichernd): „Der Dicke ist von der Stange geplumpst."

Beide Seidis und Roswitha kichern hämisch.

Horst kräht laut, die Seidis zucken zusammen, huschen in den Katzenkorb, der in ihrem Stall steht, und trauen sich erst einmal nicht wieder raus. Horst will zurück auf die Stange, doch da, wo er immer sitzt (Zweiter von links), ist kein Platz mehr.

Horst: „Hallоooo?"

Pippi: „Weggegangen, Platz gefangen!"

Horst: „Ich will nicht außen sitzen. Ich bin der Chef!"

Seidi 1 (deutlich aus dem Korb vernehmbar): „Ich will nicht außen sitzen. Mimimimimi."

Seidi 2: „Heul doch!"

Horst klettert auf die Stange und quetscht sich an den Rand. „Also, mit denen gehe ICH nicht durchs Dorf. Da blamiere ich mich bis auf die Knochen!"

Freya (kichernd): „Die haben voll lustige Frisuren."

Horst: „Was auch immer das ist, das sind keine Hühner. Die haben Frisuren wie Popper aus den Achtzigern. Peinlich."

Adele: „Ich finde sie süß!"

Seidi 1: „Wir sind nicht süß. Und du bist voll fett!"

Ich sehe Adele und ein paar der anderen Damen entsetzt Luft holen. Das ist ein heikles Thema, schnell versuche ich abzulenken. Adele versucht, ihren wunderbar fluffigen Puschelpo zu betrachten, kann sich aber auf der vollen Stange nicht rühren.

Ich: „So, Schluss jetzt! Ihr gewöhnt euch aneinander, das wird schon. In ein paar Tagen zieht ihr zusammen los. Ich will jetzt nix mehr hören!"

Seidi 2: „Wir wollen auch nicht mit euch durchs Dorf ziehen. Ihr seid alt, doof und langweilig."

Seidi 1: „Und hässlich!"

Seidi 2: „Genau! Und hässlich!"

Pippi: „Aber –"

Ich: „Ruhe jetzt! Sonst streiche ich euch die Mehlwürmer!" Mit diesen Worten schließe ich die Tür.

Verhaltene Stimme aus dem Stall: „Treffen morgen auf der Bank hinter dem Badezimmer. Dringende Besprechung. Da steht eine konzertierte Aktion an!"

Houston, wir haben ein Problem!

Ich: „Es schneit! Es schneit, es schneit, es schneit!!!“ Nicht mein Sohn, sondern ich hüpfe aufgeregt vor dem Fenster auf und ab. „Schneeee!!“

Sohn: „Moah, reg dich ab, Mom. Bist du sicher, dass es nicht wieder eine Taubenfeder ist?“

Ich: „Nein! Schau! Es schneit!! Ich muss die Hühner füttern. Wenn wir heute einschneien, wird es kompliziert.“ Ich gerate bei zwei Schneeflocken in Panik. Mein Auto darf nicht mehr als 20 km/h fahren, ab 0,3 cm Schneehöhe wird der Weg geräumt, Hamsterkäufe stehen an. Hektisch suche ich eine Decke, Handschuhe, Mütze, Schal, Eiskratzer, Campingkocher, Grönlandüberwinterungsparka und Schaffellschuhe zusammen und koche eine Thermoskanne Tee.

Sohn: „Mom?“

Ich: „Ich muss zum Hühnerstall. Und in die Garage, da steht noch Einstreu. Wo ist die zweite Decke?“

Sohn: „Das ist beides keine zehn Meter weg …“

Ich: „Na und? NA UND? Wenn ich ausrutsche und hinfalle? DU schaust bestimmt nicht von deinem Handy hoch und siehst mich in einer Schneewehe liegen. Ich werde erfrieren! Oder verhungern. Oder beides!! Ob ich jetzt 20 Meter oder 200 Kilometer von zu Hause weg bin!“

Sohn: „Wenn du ausrutschen und hinfallen solltest – was nicht passieren wird –, dann kannst du nach uns rufen und wir werden dich hören!“

Ich verstaue belegte Brote, Tee, Schokolade, Müsliriegel und ein bisschen Obst im Rucksack. In meinem Schneeanzug, der Jacke, Moonboots und dem ganzen anderen Equipment kann ich mich kaum bewegen.

Ich: „Papperlapapp! Bei dem Blizzard draußen kann man für nichts garantieren. Damals, als ich in die Schule laufen musste, barfuß im Tiefschnee, der bis unter die Achseln ging, da hätte ich mich gefreut, wenn ich Tee gehabt hätte!!"

Sohn: „Du musstest nie im Tiefschnee barfuß laufen!"

Ich: „Viele Kilometer waren das!"

Sohn: „Soll ich Oma anrufen und nachfragen?"

Ich: „O. k., ich hatte Schuhe, aber trotzdem! Ich gehe jetzt! Mama hat dich lieb! Denk immer dran, egal, was passieren wird!" Ich mache die Tür auf, es hat aufgehört zu schneien. Der Schnee ist nicht einmal liegen geblieben. Man sieht fast gar nix. Hmpf!

„Mach die Tür zu, es ziiiieht!", quäkt es aus dem Kinderzimmer.

Ich schmeiße meine Ausrüstung auf den Treppenabsatz, schäle mich aus den russlandwintersicheren Klamotten, ziehe mein leichtes Jäckchen über.

Sohn: „Es ziiiieht!"

Ich: „Es zieht, es zieht!", schimpfe ich. „Sei nicht so ein Weichei! Das bisschen Kälte! Was bist denn du für eine Memme? Nimm dir mal ein Beispiel an deiner Mutter!"

Dennoch gehe ich in den Stall, jetzt, wo ich ja schon quasi durch den Tiefschnee gewatet bin, um die Hühnis vor dem Hungertod zu retten. Mental zumindest. Die ganze Bande hat sich in den überdachten Auslauf verzogen, der ist trocken und windsicher.

Pippi: „Ach, kommst du auch mal!"

Roswitha: „Ist ja offensichtlich vollkommen egal, ob wir hier erfrieren und verhungern. Hauptsache, DU hast es schön warm!"

Freya: „Ich hab Hunger! Was gibt's denn?"

Einen Euro für jedes Mal, wenn ich diese Frage von Mensch oder Tier gehört habe, und ich müsste nie mehr arbeiten.

Adele: „Hast du uns was mitgebracht?"

Horst: „Bei dem Schneetreiben setze ich keinen Lauf vor die Tür. Ist ja lebensgefährlich!"

Dankbar nicke ich ihm zu, endlich mal einer, der mich versteht.

Horst: „Aber du hättest echt schon früher vorbeikommen können. Du hast ja wenigstens Schuhe. Ich hingegen muss mich kilometerweit barfuß durch den Tiefschnee kämpfen!"

Kann übertreiben abfärben? Wer hat damit angefangen, die Hühnis oder ich? Ich verteile meine mitgebrachten Gaben und schaue nach den beiden neuen in ihrem Behelfsquartier. Sie machen Würgegeräusche, als ich ihnen ein paar Rosenkohlblätter kredenze.

Seidi 1: „Iss das bloß nicht, die will uns umbringen!"

Seidi 2: „Auf keinen Fall."

Sie hüpfen auf die Stange, unter die ich die Blätter gestreut habe.

Seidi 1 (triumphierend): „Treffer!"

Seidi 2: „Versenkt!"

Beide kichern und ich klaube seufzend die vollgekackten Rosenköhlchen wieder aus der Streu. Wären sie nicht viel zu klein, vom Benehmen her hätten sie wunderbar zu unserer bunten Truppe gepasst. So fülle ich in den Ställen alle Näpfe, höre mir noch von Pippi an, welchen Mist ich wieder verzapft habe, als ich, ohne sie zu fragen, diese Dinger da angeschleppt habe, und dass ich schleunigst zusehen soll, sie wieder loszuwerden.

Roswitha (hinter vorgehaltenem Flügel): „Schau dich lieber nach einem gescheiten Hahn um." Sie kann Horst nicht mehr leiden, seit er sie mit ihrer Rivalin Freya verwechselt und dieser Trauben vor die Füße gelegt hat. Und sie – Roswitha – hatte keine einzige abbekommen. Nicht eine. Seitdem ist sie beleidigt und ignoriert ihn.

Ich gehe wieder ins Haus, ohne dass mir die Hühnis wie sonst folgen. Bei dem Tiefschnee wäre das ja auch lebensgefährlich.

Sohn: „Na, da bin ich ja froh, dass du das überlebt hast. Ich hab Hunger! Was gibt's denn?"

Morgen ist auch noch ein Tag!

Adele (sich vorsichtig umschauend, hinter vorgehaltenem Flügel): „Wir müssen reden!"

Das ist nie gut … ob Frau zu Mann oder Huhn zu Körnerlieferant, das ist NIE gut.

Ich: (beklommen): „Was ist los?"

Adele schiebt sich näher an mich heran. Auch Bärli gesellt sich zu uns, der Rest der Hühnerschar frühstückt ein Stückchen weiter weg.

Adele (zischend): „Bück dich!"

Wer bin ich, mich einem Huhn zu widersetzen?

Ich (gebückt): „Also? Was ist los?"

Adele (flüsternd): „Ich muss abnehmen!"

Ich: „Quatsch. Du bist wunderschön. Genau richtig!"

Adele (auf ihren Brahmahintern zeigend): „Ich bin zu fett! Viel zu fett!"

Ich: „Brahmas haben so wunderschöne dichte Federn und einen superpuscheligen Po. Du bist perfekt."

Adele (quengelnd): „Ich will keinen puscheligen Po. Ich will einen Po haben wie Roswitha. Genau den!"

Ich (seufzend): „Aber Roswitha ist doch eine ganz andere Rasse. Und sie könnte ruhig ein bisschen zunehmen. Sag mal, du nimmst dir doch nicht etwa zu Herzen, was Fussel gesagt hat? Das ist ein aufmüpfiger Teenager, die reden doch ohnehin nur Mist."

Adele: „Pfff. Natürlich nicht. Aber du mästest uns. Willst du uns dann schlachten? Müssen wir deshalb so dick sein?"

Ich: „Keine von euch ist dick. Ihr seht alle gut aus."

Adele: „By the way – auch DU könntest eine Diät vertragen!"

Ich: „Ähhh ... na jaaa ... aber ich ... Also hör mal!"

Adele: „Dein Hintern ist auch viel zu fett."

Beleidigt schweige ich. Leider hat sie recht. Aber das von einem HUHN gesagt zu bekommen ...

Bärli (sich an mich kuschelnd): „Das stimmt doch gar nicht. Du bist nicht viel zu dick."

Bärli ist immer so lieb. Das tut richtig gut, das von ihr zu hören. Dass sie mich nicht für zu dick hält, lässt mich aufatmen.

Bärli: „Vielleicht ein ganz kleines bisschen ..."

Danke!

Adele: „Ich will Low Carb essen! Ab morgen."

Ich: „Low Carb ist wohl 'ne gute Sache, aber wie soll das aussehen? Ihr ernährt euch doch hauptsächlich von Körnern. Das sind nun einmal Kohlehydrate."

Adele (sich umdrehend, dabei ihre Federn um sich schlingend wie eine Operndiva ihre Stola): „DU bist der Mensch, lass dir was einfallen!"

Nun gut, das ist mal eine Herausforderung. Im Haus wälze ich ein paar Kochbücher (es ist ja nicht so, dass ich nicht selbst schon des Öfteren ans Abnehmen gedacht hätte).

Sohn (aus dem Wohnzimmer plärrend): „Ich hab Hunger! Was gibt's denn?"

Ich: „Weiß noch nicht. Aber es kann ja nicht sooo dringend sein, du hast ja gerade erst gefrühstückt." Das einem pubertierenden Teenager zu erzählen, ist eigentlich sinnlos. Er hat IMMER Hunger.

Später am Tag ist eine wunderbare Hühnermahlzeit – Low Carb – fertig. Ein Riesentopf klein geschnittenes gedünstetes Gemüse (die Herrschaften lassen rohes zum Teil liegen, gedünstetes wird inhaliert), mit Knobi und frischen Kräutern gewürzt, kleinen Hirtenkäsewürfelchen und zur Zierde ein Petersiliensträußchen drauf. Das Auge isst schließlich mit. Außerdem habe ich Muschelmehl, getrocknete Mehlwürmer und Wurmkur untergemischt. Das ganze Geschnipsel hat ewig gedauert. Ich hoffe, dass Adele ihre Diät nicht länger durchhält als ich (also ungefähr einen Tag), sonst wird das ein großer Zeitaufwand.

Nach dem Duschen gehe ich in die Küche – der Topf ist leer. Ach wie nett, da hat einer meiner Männer mal das Füttern übernommen. Als ich ins Wohnzimmer gehe, sitzen beide auf der Couch und schauen einen Film. Vor ihnen stehen zwei leere Teller mit verdächtigen Resten.

Sohn: „Das war lecker. Die Käsewürfelchen passen super zu dem Gemüse. Obwohl mir Floooiiisch noch lieber gewesen wäre."

Mann: „Der Crunch war toll. Was war das?"

Ich (wahrheitsgemäß): „Getrocknete Mehlwürmer."

Beide lachen. Ich lächle etwas gequält. Wollen die beiden wissen, dass da Wurmkur für elf Hühner drin gewesen ist? Ich entscheide, dass sie es NICHT wissen wollen. Zumindest würden sie durch den Muschelkalk schön harte Eier bekommen. Ich muss hysterisch kichern und verlasse den Raum.

Für die Hühnis gibt's gekeimten Weizen und den Rest Hirtenkäse.

Adele zwinkert mir zu und flüstert: „Denk dran, ab morgen!"

Ich nickte. So fangen Diäten doch immer an, oder? Ab morgen!

Ab dem nächsten Tag kredenze ich Adele Low-Carb-Gerichte. Sie hält ganz gut durch, wenn man dezent davon absieht, dass ich sie jeden Tag dabei erwische, wie sie ihre Diät ein wenig ausweitet. So frisst sie munter weiter Körner, Spaghetti, Brot und alles, was die anderen auch fressen – und die Low-Carb-

Gerichte noch dazu. So wird das nix, das kann ich ihr aus Erfahrung sagen. Die anderen Damen sind nett zu ihr und halten ihr das nicht vor. Jede hat Angst vor einem zu dicken Hintern, da sind, glaube ich, alle Frauen gleich. Nur Fussel und Fluffy, die beiden vorlauten Seidenhuhnwichtel, können es nicht lassen, Adele zu veräppeln.

Fussel: „Wenn du die Augen zumachst, kannst du alles essen, was du willst. Du siehst es ja nicht, deswegen kann es ja auch nicht dick machen. Ist doch logisch."

Fluffy: „Und wenn du beim Essen rückwärtsgehst, kannst du doppelt so viel essen."

Adele: „Nervt net!"

Bärli (sich streckend): „Wir müssten uns einfach mehr bewegen."

Adele: „Machst du mit?"

Entsetzt reißt Bärli die Augen auf und legt einen Flügel aufs Herz.

Bärli: „Moi??? Ich würde ja gerne, wirklich, aber ich bereite mich gerade intensiv auf meine Mutterschaft vor. Da sitze ich mehr als 23 Stunden am Tag auf den Babys. Und in den paar Minuten, in denen ich essen kann, kann ich mich nicht auch noch bewegen. Dabei nehme ich sowieso eine Menge ab, von ganz alleine. Das ist DIE Diät überhaupt. Brüte doch auch! Das wäre toll. Da können wir uns mit dem Kükensitten abwechseln, jede hat mal frei ... Und – wie gesagt – dabei wirst du automatisch von ganz alleine rank und schlank."

Adele: „Küken? Neee danke. Und –", mit einem prüfenden Seitenblick auf mich, „funktioniert offensichtlich auch nicht bei allen."

Ich: „Hallo? Das ist 17 Jahre her?!"

Adele: „Und? Hat es damals funktioniert?"

Ich: „Das tut überhaupt nichts zur Sache."

Bärli: „Ich hab Hunger. Was gibt's denn?"

Adele: „Ich auch."

Ich: „Du hast gerade eine Riesenlowcarbportion verschlungen. Dafür habe ich eine Stunde in der Küche gestanden, geschnipselt und gedünstet. Und musste es dann noch vor meinem Sohn verteidigen."

Adele: „Papperlapapp! Von dem bisschen Gemüse wird ja kein anständiges Huhn satt. Ich esse jetzt wieder normal. Ich bewege mich halt ein bisschen mehr. Ab morgen!"

Yippie-ya-yeah, Schweinebacke!

Jedes Mal, wenn sich die Hühnis im Kreis versammeln, schwant mir nichts Gutes. Insbesondere dann, wenn sie sich argwöhnisch umdrehen, um zu kontrollieren, ob ich lausche. Aber wie sollte ich denn sonst erfahren, was sie wieder aushecken? Meiner Meinung nach sehr unauffällig komme ich näher, reche alibihalber das Laub ein wenig zusammen.

Bärli (entsetzt): „Das könnt ihr nicht machen."

Pippi (genervt): „Moaaah, Bärli wieder!"

Roswitha: „Spielverderberin!"

Pippi: „Die haben das echt verdient. Das sind nervige Kackbratzen."

Bärli: „Das sind Kinder! Wenn ihr das macht, bekommen sie Angst."

Adele (die Flügel hebend): „Darum geht es ja."

Bärli: „Ihr bekommt selbst auch Angst. Ich warne euch!"

Alle bis auf Bärli kichern.

Adele: „Quatsch."

Freya: „Wir doch nicht!"

Horst: „Lächerlich."

Bärli: „Ihr benehmt euch unmöglich, ich finde das wirklich gemein von euch."

Finde ich auch, aber ich muss erst wissen, worum es genau geht, damit ich intervenieren kann. Ich gehe noch einen Meter näher ran. Sofort rücken sie enger zusammen.

Freya: „Chef, entscheide du!"

Pippi und Horst im Chor: „Wir machen das!"

Horst hackt Pippi in die Seite: „Halloooo?"

Pippi (kleinlaut): „Tschuldigung. ... Chef ..."

Horst: „Also gut, wir machen das heute Abend, wenn wir alle auf der Stange sind."

Und schwupps, zerstreuen sie sich und ich weiß nicht, worum es geht. Ich versuche noch, Bärli zu erwischen und mit ihr mal von Frau zu Frau zu reden, doch Adele beobachtet mich misstrauisch und schottet sie ab. Verflixt! So muss ich wohl oder übel am Abend mal wieder vor dem Stall stehen und lauschen. Wieder bin ich froh, weit außerhalb des Dorfes zu wohnen – und somit weitgehend unsichtbar für die anderen Dorfbewohner. Nicht nur, dass ich den ganzen Tag labernd durch den Garten laufe, beinahe jeden Abend stehe ich irgendwo auf den umliegenden Weiden und rufe, schmeichle und drohe, bis die Gänse endlich nach Hause watscheln. In jeder meiner Jacken- und Handtaschen sind Körner und Brösel und auch gerne mal ein Ei, das ich vergessen habe rauszunehmen und das sich in ekligen Schleim verwandelt hat. Als ob das nicht reichen würde, stehe ich oft genug in der Dämmerung gebückt am Hühnerstall und lausche, was die Damen (im Geist höre ich ein Räuspern), jaaa, und Hoooorst, sich ausdenken. Anders würde ich die Herrschaften nicht im Griff haben. So habe ich schon Dinge erfahren ... die kann ich gar nicht erzählen. Würde mir eh keiner glauben.

Beim Ausmisten meiner Abstellkammer finde ich mein altes Babyfon. Wenn das noch funktionieren würde, könnte ich mir das Lauschen am Stall sparen. Es ist abends immer noch empfindlich kalt. Einmal haben sie mich beim Spionieren erwischt, da ich niesen musste. Das war vielleicht peinlich. Eine ganze Woche sind sie vor mir abgehauen und haben kein Wort mit mir geredet. Nicht mal Bärli. Niemand. Bis die Damen die in dieser Zeit von mir verfütterten Bestechungsmehlwürmer und Leckereien durch ihre Eier amortisiert hatten, verging eine ganze Weile. Neue Batterien in das Teil rein und tatsächlich, es geht. Ich verstecke es im Stall und sitze abends sehr gespannt (im Warmen) vor dem Empfänger. Das übliche „Du-verbrauchst-zu-viel-Platz!-Nein-du!-Nein-du!"-Gemecker, dann geht es los.

Pippi (mit unheilschwangerer Stimme): „Habt ihr schon gehört? Er hat wieder zugeschlagen."

Fussel (aus dem Katzentransportkorb, in dem sie nach wie vor mit Fluffy schläft): „Wer denn?"

Fluffy: „Was denn?"

Roswitha: „Ja ... das ganze Dorf spricht davon ..."

Fussel: „Wovon denn?"

Freya: „Dieses Mal sind vier verschwunden. Spurlos. Vier! Keine Feder – nichts!“

Horst (flüsternd): „Letztes Mal waren es drei. Und sie sind nie wieder aufgetaucht …“

Adele: „Sie sind bestimmt …“

Fussel und ich (hauchend): „Tot?“

Ich habe Gänsehaut, obwohl ich weiß, dass die Großen den Kleinen nur Angst machen wollen. Schreite ich da jetzt ein? Würde nicht viel nutzen, wenn ich vom Stall wieder weg wäre, würden sie weitermachen. Ich entscheide, dass die Seidis da durchmüssen, und höre weiter zu, voller Hochachtung vor der Fantasie meiner Hühner. Und gleichzeitig erschreckt es mich zutiefst, wie gemein sie sein können.

Roswitha: „Das weiß keiner …“

Pippi: „Klar sind die tot. Qualvoll gerupft – bei lebendigem Leib – bei vollem Bewusstsein in kochendes Wasser geschmissen und –“

Bärli: „Pippi, es reicht jetzt.“

Pippi: „Oder sie wurden an Hunde verfüttert. Oder in eine Legebatterie gestopft, wo sie tagaus, tagein ein Ei legen müssen. Besser noch zwei. Und danach kommen sie in die Suppe. Lebendig.“

Bärli: „Pippi!"

Adele: „Er kommt, schlägt zu und verschwindet wieder. Und keiner kann etwas tun. Niemand kann ihn aufhalten. Niemand kennt ihn ..."

Roswitha: „Man weiß nur, dass er einen großen Wagen fährt. Einen Lieferwagen. Mit viel Platz. Da passen Hunderte von uns rein ..."

Horst: „Man glaubt zu wissen, wer es war, nur ... man kann ihm nichts beweisen ..."

Fussel und Fluffy (aufgeregt): „Wer? Wer macht so etwas?"

Das würde ich jetzt auch gerne mal wissen.

Pippi: „Der Baseballkappenmann!"

Alle: „Uhhhhhh ..."

Ich muss lachen. Wer hat Angst vorm Schwarzen Mann? Oder in diesem Fall vorm „Baseballkappenmann"? O. k., den Rest brauche ich nicht mehr hören, manchmal kommen mir alle vor wie eine Horde typischer renitenter Teenager.

Am nächsten Tag sind wir alle im Vorgarten. Ich kehre Erde und Rindenmulch vom gepflasterten Hof zurück in die Beete vor dem Haus, die Hühnis kratzen sie umgehend wieder raus. So hat jeder was davon ...

Alle sind da, sogar die beiden Kleinen haben sich bis hierher gewagt. Sie spielen ihr neues Spiel, was mich langsam in den Wahnsinn treibt. Sie laufen aufeinander zu und dotzen mit der Brust aneinander. Beim Abprallen rufen sie laut „Hups". Das geht den ganzen Tag so. Aus jeder Ecke hupst es.

Horst steht in der Einfahrt ganz vorne, seine Damen hinter ihm. Sie plappern alle munter durcheinander, haben Spaß. Ein Auto kommt, ein Lieferwagen. Wir alle halten neugierig mit der Arbeit inne. Horst geht ein paar Schritte vor, stellt sich mit geblähter Brust vor seine Frauen. Sicher ist sicher. Um klarzumachen, wer hier auf dem Hof das Sagen hat, kräht er durchdringend.

Horst: „Mädels, ihr braucht keine Angst haben, den mache ich fertig. Aber so was von! Einmal – ZAA-ACK – von hinten in die Kniekehlen, wollen doch mal sehen, wie schnell der rennen kann!“

Ein Mann steigt aus, er trägt einen schwarzen Pulli und schwarze Jeans, auf dem Kopf eine schwarze Baseballkappe. Alle erstarren. Das Nächste, was ich sehe, sind Hühner in allen Farben, die mucksmäuschenstill geduckt in alle Himmelsrichtungen wegrennen. So schnell habe ich meine Hühnis noch nicht mal rennen sehen, als es getrocknete Garnelen gab. Von wegen keine Angst ...

Nur Horst steht seinen Mann, hat von der Massenflucht hinter ihm noch nichts mitbekommen. Der Mann öffnet den Lieferwagen und holt ein Paket aus dem Laderaum. Horst lässt ihn nicht aus den Augen, kräht ein paar Mal und schlägt mit den Flügeln. Der Paketbote ignoriert ihn, geht zur Haustür der Nachbarn, legt das Paket ab und füllt einen Zettel aus.

Horst: „Der bringt nur was für die Nachbarin, alles gut. Keine Gefahr.“

Stille. Nur die Schritte des Fahrers sind zu hören und leise Musik aus der Fahrerkabine. Horst dreht sich um und reißt entsetzt die Augen auf.

Horst: „Sie sind weg! Alle. Wie hat er das gemacht? WIE HAT ER DAS GEMACHT???"

Ich schweige. Soll er ruhig ein bisschen Angst vor seiner selbst erfundenen Geschichte haben. Vielleicht überlegt er es sich dann das nächste Mal, bevor er die Kleinen ärgert. Horst dreht sich wie von Sinnen um seine eigene Achse, seine Federn stehen ab, es sieht aus, als hätte er so ein Perlenschnurkleid aus den Zwanzigerjahren an (wisst Ihr, was ich meine?). Unter seinem prachtvollen Federkleid sieht er ein bisschen aus wie ein Suppenhuhn. So nackig. Ich muss kichern und wende mich peinlich berührt ab.

Horst: „Wo seid ihr? Oh mein Gott! Alle entführt! Sie werden nie wieder auftauchen, NIE WIEDER! Was werden die Leute sagen? Kann er nicht mal auf seine Frauen aufpassen? Am helllichten Tag vor seinem Schnabel geraubt! Der Hahn taugt nix und gehört in die Suppe. Kopf ab!"

Soll ich ihn erlösen? Nö, noch nicht. Interessant, dass er sich mehr über seine Außenwirkung auf die

Leute Gedanken macht als über das Wohl seiner Mädels.

Horst (mittlerweile hysterisch): „Er muss einen Komplizen gehabt haben. Genau. So war das. Anders ist das ja gar nicht möglich. Der hier hat mich abgelenkt und der andere hat alle geklaut. Und in dunkle Kisten gesperrt. Vielleicht sind sie alle schon tooooot. Oh mein Gott!" Wieder kräht er und vor lauter Verzweiflung rennt er von links nach rechts und bekommt Durchfall. Zeit, ihn zu erlösen.

Ich: „Horst."

Horst (mit den Flügeln schlagend): „Was mache ich denn jetzt? Ich kann doch nicht ganz alleine im Stall schlafen. Ein Hahn alleine – das geht nicht. Ich muss sie da rausholen." Er rennt auf den Wagen zu, der Fahrer will gerade starten. Horst stellt sich mitten auf die Straße und breitet die Flügel aus.

Ich: „Hooorst!" Das kann nicht gut gehen, der Fahrer kann ihn nicht sehen und Horst ist mal wieder so aufgeregt, dass er nix hört. Also renne ich hinterher, verliere einen Schuh (aber das ist nicht so ein eleganter wie bei Aschenbrödel, sondern ein klobiger dreckiger Gartenschuh, wird wohl kein Prinz auftauchen), schmeiße meinen Besen weg und versuche, den heroischen Hahn zu retten.

Horst: „Keinen Millimeter weiter! Du entkommst mir nicht! Erst gibst du mir meine Frauen zurück. Die beiden Seidendinger kannst du behalten ... o.k., Roswitha auch ... aber den Rest, den gibst du wieder her!"

Ich: „HOOORST!!!"

Der Wagen startet und ruckt. In letzter Sekunde springe ich vor den Wagen und wedle mit den Armen. Der Fahrer stoppt erschrocken. Ich schnappe mir Horst (das allererste Mal, dass ich ihn auf den Arm nehme) und gehe zurück in die Einfahrt. Horst windet sich und hackt mich, doch ich halte ihn fest. Nicht, dass er dem Wagen noch hinterherläuft.

Horst: „Lass mich! Er hat alle! Er ist der Lieferwagenmörder!!!"

Ich: „Den ihr erfunden habt! Den es in Wirklichkeit nicht gibt. Ihr seid auf eure eigene Geschichte reingefallen. Geschieht euch recht. Das war nur ein Paketbote ..."

Horst: „Er hat alle gekl- ... oh ..."

Ich: „Genau. Oh!"

Horst verstummt und hört auf, sich zu wehren. Vor dem Hühnerstall sind seine Mädels versammelt und picken entspannt miteinander plaudernd im Gras rum, hinter uns hören wir ein quietschiges „Hups" nach dem anderen. Ich setze ihn ab, er schüttelt seine Federn zurecht. Die Ladys haben von Horsts Panik offensichtlich nichts mitbekommen.

Horst (sich rauspernd): „Das bleibt unter uns!"

Ich: „Klar. Wenn du netter zu den Kleinen bist. Und auch dafür sorgst, dass der Rest netter zu ihnen ist."

Horst: „Niemals!"

Ich: „Deine Entscheidung. (Laut) Hüüüüühniii-is!!!"

Horst (beschwichtigend mit den Flügeln wedelnd): „Schhhhhhhh, ist ja schon gut."

Ich: „Geht doch."

Horst: „Das ist Erpressung."

Ich: „Jo. Spiel doch einfach mal 'ne Runde mit ihnen. Dann sehe ich, dass du es ernst meinst ..."

Er starrt mich an. Ich kann das mittlerweile auch ... dieses Starren. Wir starren und starren, ohne zu zwinkern. Ich gewinne. Dass ich mir gleich Tropfen in die ausgetrockneten Augen machen muss, weil sie sonst den Rest des Tages brennen, muss er ja nicht wissen.

Horst: „Also gut!" Er nickt mir gönnerhaft zu, schüttelt sich und stolziert auf seine Damen zu. Unterwegs kommt ihm Fluffy in die Quere. Horst nimmt Anlauf und rammt ihr seine Brust entgegen. Das arme Ding fliegt fast einen Meter rückwärts und schlittert noch ein bisschen. Horst dreht sich, eine Augenbraue hochziehend, zu mir um.

Horst: „Hups!"

Ich das nicht haben will so!

Freya: „Stopp!“

Ich halte inne, die Kiste mit dem Staubbad in der Hand. Sie ist schwer. Und von Minute zu Minute wird sie schwerer. „Was?“

Freya: „Mehr nach links!“

Ich seufze. Seit einer halben Stunde räumen wir schon den Kükenstall um. Eigentlich dachte ich, er wäre perfekt so, wie ich ihn eingerichtet hatte. Ich hatte mich ausgiebig informiert und im Hühnerforum viele Tipps bekommen und dachte, ich hätte den ultimativen Babystall gebaut. Freya beschied mich eines Besseren. Nicht, dass sie jemals Küken gehabt hätte, aber bekanntlich kann Huhn ja wunderbar und sehr überzeugend seinen Senf dazugeben, auch bei absolutem Nichtwissen. Also stelle ich gemäß ihrer Anleitung die Kiste mit Sand, Asche, einen Hauch Kieselgur und zerriebenen Walnussbaumblättern mehr nach links. Nicht links genug, zweimal muss ich nachbessern.

Freya: „Ich bin nicht sicher, ob sie jetzt nicht in der Freundschaftsecke steht.“

Ich: „Hä?"

Freya schaut mich an, als käme ich von einem anderen Stern. „Noch nie was von Feng-Shui gehört?"

Ich: „Schon ... aber ..."

Freya: „Aber was?"

Ich (resignierend): „Nichts."

Freya: „Hmpf! Was soll ein Staubbad in der Freundschaftsecke? Es muss in die Gesundheitsecke. Also ... mehr nordwestlich."

Ich könnte schwören, dass Freya das einzige Huhn ist, das sich mit Himmelsrichtungen auskennt. Ich hab keine Ahnung, wo das sein soll, hieve die Kiste hoch und gehe dorthin, wo ihr Flügel hinzeigt.

Freya (zufrieden): „Geht doch! So, und die Minischaukel in die Kinder- und Kreativitätsecke. Genau gegenüber."

Ich: „Die hänge ich erst mal höher, die erste Zeit dürfen sie nicht auf Stangen."

Freya (schnippisch): „Das weiß ich natürlich!"

Ich ersparte mir nachzuhaken, ob sie es wirklich weiß, mit einer beleidigten Innendekorateurin zu arbeiten, wäre noch komplizierter als ohnehin schon. Vor der offenen Stalltür sehe ich Pippi mit einer Nudel im

Schnabel im Galopp über den Hof rennen. Alle bis auf die Seidis rennen ihr hinterher und wollen genau DIE eine Nudel haben. Währenddessen machen sich Fussel und Fluffy in aller Ruhe über den restlichen Nudelberg her. Auch das ist etwas, was ich nicht verstehe. Genau wie das Ding mit der zweiten Stange im Stall, die niemals ein Huhn betritt (lieber pressen sie sich alle auf der anderen Stange zusammen), und mit der Legebox in der Mitte, auf der ein Fluch zu liegen scheint. Schweigend arbeiten wir weiter. Das heißt, ich schweige und arbeite, aber ich käme bei Freyas Vortrag über Feng-Shui auch gar nicht zu Wort. Es raschelt an der Tür.

Roswitha: „Ich wollte nur mal schauen, was ihr hier so treibt." Kritisch läuft sie den Stall ab, prüft sorgsam die Ecken und sitzt Probe im Nest.

Freya: „Und? Wie findest du es?“

Roswitha: „Hmmm ... das Bad sollte in die andere Ecke!“

Ich (verzweifelt): „Neiiin. Das steht da, wo es jetzt ist, super.“

Freya zu Roswitha: „Aber da steht es doch in der Freundschaftsecke. Und Feng-Shui sagt –“

Roswitha (unterbricht): „Pfff, Feng-Shui hin, Feng-Shui her. Da ist die Wetterseite. Da regnet es rein. Und wenn du durch den anderen Eingang gehst, steht es nicht in der Freundschaftsecke. Alles eine Frage der Sichtweise.“

Freya dreht sich um. „Stimmt.“

Ich (seufzend): „Ich weiß schon.“ Also kommt das Bad wieder auf die andere Seite, was in Folge noch andere Umräummaßnahmen mit sich zieht. Freya und Roswitha stehen mit den Flügeln in den Hüften mitten im Weg und schauen kritisch zu.

Bärli kommt rein. Sie läuft ein wenig steif, kein Wunder, verbringt sie doch den Rest des Tages in Kontemplation auf ihren Eiern.

Bärli: „Ach ist das hübsch. Genau so habe ich es mir vorgestellt, genau so! Das habt ihr wirklich toll gemacht. Wunderbar.“

Ich freue mich. Bärli ist so süß und sie wird eine wunderbare Mama werden. Schön, dass es ihr gefällt, denn darauf kommt es ja schlussendlich an. Und ich kann auch nimmer. Ich will endlich meinen Kaffee trinken und kein Staubbad mehr sehen (Tipp: Wenn Ihr ein Staubbad in der Hand habt, niest nicht, wenn die Asche obendrauf liegt und Ihr noch nicht umgerührt habt. Niemals! Hat in etwa den gleichen Effekt wie Niesen mit einem vollen Suppenteller (vorzugsweise Tomate) in der Hand). Ich bin sehr froh, dass es Bärli gefällt und das Hin- und Hergeräume jetzt endlich ein Ende hat.

Bärli: „Nur ..."

Freya und ich: „Nur was?"

Bärli: „Ich finde, das Staubbad sollte hinten in die Ecke. Da weht kein Wind. Und ihr seht ja, wie das aussieht, wenn man beim Baden Wind abbekommt."

Alle drei starren mich an. Jaaaa, ich weiß. So schlimm wird's ja wohl nicht sein. Nach kurzer Beratung beschließen sie, dass Bärli zwar recht hat, Roswitha aber mehr Kompetenz, denn sie kann sich an eine Henne erinnern, die eine Henne kennt, die mit jemandem befreundet ist, der von einer alten Henne gehört hat, die mal Küken gehabt haben soll. Das ganze Wissen nützt ihr jedoch auch nix, denn Freya als staatlich geprüfte Kükenstalleinrichterin und Dritte in der Rangfolge hinter Pippi und Horst hat das Sagen. Ich werde erst gar nicht gefragt.

Wir arbeiten noch eine Weile, genauer gesagt, ich arbeite noch eine Weile, streng nach Anweisung wohlgemerkt. Als Freya und Roswitha endlich zufrieden sind (Bärli sitzt schon längst wieder auf den Eiern) und mir die Muskeln brennen, sieht der Kükenstall exakt so aus, wie ich ihn gestern eingerichtet hatte.

Freya (gönnerhaft): „Siehst du – wir haben es geschafft. So ist es gut. Kannst froh sein, dass du mich hast!" Mit diesen Worten stolziert Freya mit geblähter Brust zum Rest der Truppe, wo sie mit Sicherheit berichten wird, wie viel Müüüüühe sie wieder mit mir hatte, inkompetent und begriffsstutzig, wie ich nun einmal bin. Keine fünf Sekunden später höre ich es auch schon kichern. Und wieder frage ich mich, warum ich mir das antue. Selbst Bioeier aus Freilandhaltung mit fahrbarem Weidehaus und persönlichem Betreuer wären nicht so teuer wie das, was mir meine

Mädels (jaaaaaa .... und Hoooooorst) abverlangen. Kreuzlahm schlurfe ich ins Haus. Ich muss schnell mal schauen, was in meiner Wohnung in der Freundschaftsecke steht. Und vor allem in der Reichtumsecke, da könnte sich definitiv mal was tun. Man kann ja so viel falsch machen. Aber zur Sicherheit habe ich ja eine Feng-Shui-Beauftragte in meinen Reihen, da kann ja eigentlich nix schiefgehen.

Und täglich kräht das Hahnentier

4:00 Uhr

Horst: „Krääääääääähhhhhhh!“

Pippi: „Boahhhh, schon wieder zu früh!“

Horst: „Ich krähe immer um 6:00 Uhr! Das ist mein Job.“

Roswitha: „Es ist VIER Uhr! Wir brauchen unseren Schönheitsschlaf.“

Adele: „Schschschschhhh.“

4:01 Uhr

Horst (unbeirrt): „Krääääääääääääääääääääääää-äääääähhhhh!!“

Fussel: „Moaaahhhh, der Alte wieder!“

Pippi: „Es ist noch dunkel. Wir haben noch zwei Stunden.“

4:02 Uhr

Horst: „Krääääääääääääääääääääääääääääää äääähhh!!“

Pippi, Adele, Roswitha, Freya im Chor: „Halt den Schnaaaaaabel!“

Chantal: „Mon Dieu!“

Stille. Alle schlafen noch einmal ein.

06:03 Uhr

Pippi (Horst anrempelnd): „Horst."

Horst: „Hmmm?"

Pippi: „Es ist Zeit!"

Horst (ein Auge aufzwingend): „Wasnlos?"

Pippi: „Es ist nach sechs!"

Horst: „Schon?"

Pippi: „Auf jetzt, mach deinen Job!"

6:04 Uhr

Horst (sich räuspernd): „Krääääääähhhh!"

Allgemeines Gebrummel, Gestrecke, Gegähne.

Horst: „Krääääähhh! Ich bin der tollste Hahn aller Zeiteeeeeen, ich kann am besten krääääheeeeeen!"

Roswitha (die Augen verdrehend): „Dann gib dir mal Mühe, damit DieDa mit dem Frühstück beikommt. Ich hab Hunger!"

DieDa bin ja bekanntermaßen ich. Ich stehe schon vor der Tür. Erst muss ich das Futter hinstellen, dann die Klappe hochziehen. Ich habe es genau einmal andersherum gemacht, das war keine schöne Erfahrung. Ursprünglich hatte ich damals vor, danach zu einem Mandanten zu gehen, doch der nächste Weg führte in die Dusche. Also erst das Futter in sicherer Entfernung abgestellt.

6:06 Uhr: Raptoren rausgelassen.

6:08 Uhr: Frühstück der Hühner ist Geschichte.

6:10 Uhr: Die Hühner schwärmen aus.

Adele gräbt die gestern von mir vor dem Haus eingepflanzten Stiefmütterchen wieder aus. Ihr Ziel, dass keins im Beet verbleibt, wird zu 100 % erreicht.

Pippi und Roswitha ziehen sich zum Eierlegen zurück. Es gibt Querelen, wer die rechte Legebox nehmen darf. Die anderen sind noch frei, aber wie stets vollkommen uninteressant. Roswitha ist schneller, doch Pippi ist stärker. Keine gibt nach. Am Schluss sitzt Roswitha in der Box, Pippi auf Roswitha drauf. Beide sind sauer.

Horst stapft krähend durch den ganzen Garten, damit auch die Nachbarn was davon haben, und inspiziert sein Reich.

Fussel und Fluffy spielen ihr Hupsspiel und ärgern die Großen.

Bärli buddelt den Hühnerstall um. Das ist super, dann muss ich nachher alles rausnehmen statt nur den Teil unter der Schlafstange. Das freut mich, denn außer mich um Hühner zu kümmern hab ich ja sonst nix zu tun.

Als ich ins Haus komme, erwartet mich Chantal. Sie nutzt jede Gelegenheit, um ins Haus einzubrechen, und ist dabei sehr erfinderisch.

Chantal: „Isch ätte gern einen Café au lait, ein Croissant und Confiture de fraises."

Ich: „Oh ja, ich auch! Mach mal!"

Chantal: „Mon Dieu!"

Ich: „Raus jetzt!"

Chantal (beleidigt abrauschend): „Pffff."

6:30 Uhr: Hinterlassenschaften Chantals in der Küche sind beseitigt.

6:35 Uhr: Auch die auf der Bank und an meinem Rock.

6:40 Uhr: Auch die im Flur. Wie lange war das blöde Huhn denn hier drin?

7:00 Uhr: Teller mit Frühstück auf die Terrasse gebracht. Noch mal reingegangen, um Kaffee zu holen.

Großer Fehler.

7:03 Uhr: Rudimentäre Reste meines Frühstücks wieder reingetragen.

7:30 Uhr: Endlich am Schreibtisch. Mit neuem Frühstück und Kaffee. Leichte Erschöpfungserscheinungen, dabei fängt der Tag gerade erst an.

8:05 Uhr: Alle Hühner stehen vor meinem Bürofenster und glotzen mich an.

8:15 Uhr: Immer noch.

8:20 Uhr: Das halte ich nicht aus. Ich gehe mit den Nudelresten von gestern raus.

8:25 Uhr: Habe Rock gewechselt. Das Hochspringen an mir mit Schlammfüßen war nicht zu übersehen.

8:30 Uhr: Sitze wieder am Schreibtisch. Um 10:00 Uhr erwartet der Verleger meinen Artikel. Ich habe noch nicht einmal angefangen.

8:35 Uhr: Alle Hühner stehen vor meinem Bürofenster und glotzen mich an. Ich verspüre ein leichtes

Zucken im linken Augenlid. Wechsel mit dem Laptop in die Küche.

8:45 Uhr: Chantal aus der Küche geschmissen, Hinterlassenschaften beseitigt. Mein Auge zuckt stärker, Kaffee ist kalt.

9:50 Uhr: Die Zeit drängt, aber ich könnte es gerade noch schaffen.

9:55 Uhr: Riesengeschrei im Garten. Irgendetwas stimmt nicht, ich muss raus.

10:05 Uhr: War nix. Als ich hinterm Haus war, war alles wieder friedlich.

10:10 Uhr: Chantal aus dem Haus geschmissen. Versucht, mit Ohrenstäbchen Tastatur zu reinigen. Das „e" hängt, was blöd ist, da es fast in jedem Wort vorkommt. Restliche Hinterlassenschaften Chantals beseitigt. Auf „Chefkoch" Hühnchenrezepte angeschaut. Versuche, Augenzucken zu ignorieren.

10:30 Uhr: Artikel ist raus. Gehe Hühnerstall sauber machen. Haus ist dicht, Chantal kann nicht einbrechen.

11:20 Uhr: Alles blitzeblank. Schubkarre unter Begleitung sämtlicher Hühner auf dem Misthaufen ausgeleert. Von dort wird er großflächig verteilt.

11:40 Uhr: Stiefmütterchen wieder eingepflanzt. Muss Hühner vom Vorgarten aussperren.

11:50 Uhr: Stiefmütterchen werden wieder ausgegraben, Überlebende fachgerecht geköpft. Mein Kopf macht dumpfen Klang, wenn er auf Arbeitsplatte aufschlägt. Merke: Vorher Locher zur Seite stellen. Auge zuckt unaufhörlich.

12:30 Uhr: Kuchen für Nachmittagskaffee im Ofen, jetzt ein bisschen Hausarbeit.

12:45 Uhr: Chantal kommt in die Küche spaziert.

Chantal: „Bon jour."

Ich: „Wie kommst du hier rein!!!"

Chantal: „Aasst du einen Crepes sufällig färrtisch?"

Ich: „Nein, zufällig nicht! Raus hier!"

13:00 Uhr: Chantal rausgeschmissen, Hinterlassenschaften beseitigt (dieses Huhn kackt pro Tag sein Eigengewicht), zwei Hühnchenfleischrezepte in die engere Auswahl genommen!!!

14:00 Uhr: Kuchen steht zum Abkühlen draußen. Kaffeetisch schön gedeckt – zur Sicherheit drinnen, trotz schönstem Wetter. Muss unbedingt Vorgarten einzäunen.

15:00 Uhr: Neuer Verleger kommt zum Kennenlernbesuch. Auto fährt vor, doch er steigt nicht aus.

15:05 Uhr: Telefon klingelt. Er traut sich nicht aus dem Auto, da wäre ein Kampfhahn.

15:10 Uhr: Verleger aus dem Auto befreit (Sohn mit Dose Mais rausgeschickt zum Ablenken des Kampfhahns).

15:15 Uhr: Alternativ zum von irgendwelchen BLÖDEN VIECHERN aufgefressenen Kuchen Kekse hingestellt. Ein wenig mürbe, aber was soll ich machen.

17:00 Uhr: Verleger fährt weg, war nett. Hühner starrten uns die komplette Zeit durchs Fenster an.

17:10 Uhr: Eier eingesammelt, Hühner gelobt. Stiefmütterchen zusammengekehrt und beerdigt.

17:15 Uhr: Chantal aus der Küche geschmissen. Dieses Huhn macht mich wahnsinnig. Hinterlassenschaften gesucht – nix gefunden. Das irritiert mich und macht mich nervös.

18:00 Uhr: Hühner sind im Stall. Endlich Ruhe. Ich müsste noch so viel machen, lande aber auf der Couch bei einem schönen alten Spielfilm.

18:05 Uhr: Decke gewechselt, neue Klamotten angezogen. Wann war Chantal auf der Couch?? Sind Hühner wirklich eine sooo gute Idee gewesen?

18:15 Uhr: Anruf von einer Bekannten. Ihre vermisst geglaubte Henne kam mit zwölf Küken nach Hause. Ob ich welche wolle, sie könne maximal vier behalten. Ich verneine. Auf keinen Fall noch mehr Hühner. Die, die ich jetzt schon habe, machen zwar viel Freude, aber auch viel Arbeit. Meine Hühnerkapazität ist ausgereizt. Definitiv! Keine Chance.

18:20 Uhr: Bild der Küken per Handy erhalten. Haaaaach, sind die süüüüüß. Doch ich widerstehe heroisch.

18:22 Uhr: Noch ein Bild. Zwei besonders niedliche blinzeln unter dem Gefieder der Glucke heraus. Ich schmelze. Aber ich will keine weiteren Hühner.

18:24 Uhr: Ich hab mir drei ausgesucht und sag ihr schnell Bescheid, bevor ein anderer MEINE Hühner bekommt.

18:30 Uhr: Mache Pläne für den Stallausbau, denn jetzt wird es ein wenig zu eng werden. Mein Sohn bekommt das mit und meldet gleich Wünsche nach ein bis zwei weiteren Seidenhühnern an. Na ja ... kommt ja jetzt irgendwie auch nicht mehr drauf an ...

Zurück in die Zukunft?
Oder in die Vergangenheit?
Oder wohin jetzt?

Pippi (ein verquollenes Auge aufzwingend): „Sag mal, geht's noch?"

Roswitha: „Ich brauche meinen Schönheitsschlaf."

Fussel: „Dann solltest du besser jahrelang durchschlafen."

Freya: „Tüüüür zuuuuuu!"

Adele (stinksauer): „Hast du mal auf die Uhr geschaut?"

Horst (verschlafen krähend): „Ist es schon 6:00 Uhr?"

Adele: „Ich meinte nicht dich, sondern DieDa."

Heute ist Impftag. Seit gestern Abend hatten die Herrschaften kein Wasser, sodass nachher – wenn ich den Impfstoff vom Verein bekomme – die Schale mit Wasserimpfstoffmischung hoffentlich schnell geleert ist. Vorher dürfen sie nicht in den Garten. Und die Hühnis müssen recht früh in den Auslauf, damit Bärli mit ihren drei Babys im Stall ihre Ruhe hat. Zudem wissen wir bei den gestern Abend geholten Tagesküken nicht (leider sind aus den ihr untergelegten Eiern nur zwei Küken geschlüpft), ob sie nicht als Morgensnack verspeist werden. Also Hühnertrennung. So weit der Plan. Wird natürlich boykottiert.

Offenes Unverständnis in den Augen blinzelt die Schar mich an. Roswitha zeigt mir einen Vogel. Na danke!

Ich: „Das habe ich gesehen! Glaubt ihr, mir macht das Spaß, um 6:45 Uhr aufzustehen? Das mache ich nur für euch!"

Adele: „Wozuuuu? Es ist ja noch nicht mal richtig hell."

Chantal: „Mon Dieu!"

Ich: „Damit ihr in den Auslauf könnt."

Roswitha: „Wer will denn so früh in den Auslauf? Also ich nicht!"

Allgemeines Gemurmel von „Ich auch nicht" bis „Jetzt spinnt sie völlig".

Pippi (abwinkend): „Lass mal. Reicht auch später."

Freya: „Wieso eigentlich 6:45 Uhr? Es ist 5:45 Uhr."

Ich: „6:45 Uhr."

Freya: „5:45 Uhr!"

Horst: „Muss ich schon krähen?"

Pippi: „Weiß nicht, bin gerade verwirrt."

Adele kuschelt sich an Freya. Bei der Hälfte fallen die Augen wieder zu, Pippi schnarcht dezent.

Aus dem Nest hören wir es zart piepsen, Bärli brummt ein Schlaflied, es wird wieder still.

Chantal: „Alors? Qu'est-ce que c'est?"

Pippi: „Red deutsch."

Chantal (mit reizendem französischem Akzent): „Was war dassö?"

Fussel und Fluffy kichern. „Dassöööö ... dassöööö."

Bärli (aus dem Nest): „Nix!"

Horst grunzt im Schlaf, Pippi rempelt ihn an. Vor Schreck kräht er.

Ich: „So, Leute, genug diskutiert. Raus jetzt!"

Keiner rührt sich. O. k., dann mache ich mir einen Kaffee und komme wieder.

Fünfzehn Minuten später das gleiche Bild. Alle sitzen unverändert auf den Stangen. Normalerweise rennen sie wie die Irren in den Auslauf und dann raus – heute nicht. Nix.

Ich klatsche in die Hände. „Soooooo!!"

Horst reißt die Augen auf und kräht. „Schon Morgen?"

Roswitha: „Es ist gerade mal 6:15 Uhr!"

Adele: „In Sommer- oder Winterzeit?"

Bärli: „Also eigentlich 7:15 Uhr."

Ich: „Verflixt. Das habe ich total vergessen. Dieses dämliche Vor- und Zurückgestelle, vollkommen sinnlos."

Freya: „Neee, 5:15 Uhr."

Chantal: „Quoi?"

Adele: „Aber in Wirklichkeit 6:15 Uhr!"

Pippi: „Was denn jetzt? Vor oder zurück?“

Alle starren mich an. Ich ärgere mich, dass ich eine Stunde zu früh aufgestanden bin. Kein Wunder, dass alle, inklusive mir, so müde sind.

Ich (achselzuckend): „Fragt mich nicht, ich habe seit Jahrzehnten das Problem. Ich habe keine Ahnung, ob es jetzt eigentlich früher oder später ist.“

Fluffy kuschelt sich wieder an Fussel. „Egal, viel zu früh. Ich stehe jetzt nicht auf. Ich war gerade mitten in einem Traum. Ganz alleine in einer riiiiesigen Kiste voller Mehlwürmer.“

Pippi (sich entsetzt schüttelnd): „Ihhhhhhhh!“

Fluffy: „Riesigen Mehlwürmern. Und alle starren Pippi an!“

Pippi: „Hör sofort auf. Das ist ja grauenhaft!“

Verhaltenes Kichern aus dem Katzenkorb.

Adele: „Also ich schlafe jetzt weiter.“

Ich: „Nix da! Es wird nicht mehr geschlafen. Jetzt sind wir ohnehin alle wach. Raus jetzt!“

Roswitha (brummelnd): „Wach ist etwas vollkommen anderes.“

Ich scheuche alle raus, hebe sie zum Teil unter lautem Protest von den Stangen und schiebe sie durch die Klappe nach draußen. Klappe zu. Bärli soll hier im Stall mit ihren drei Babys ihre Ruhe haben. Und ich will mich noch mal hinlegen.

Bärli: „Danke."

Ich: „Alles gut. Viel Spaß mit den Kleinen."

Bärli (verliebt): „Sie sind soooo schön. Ich hab gar nicht mitbekommen, wie sie geschlüpft sind, heute Morgen waren sie einfach da."

Ich: „Dann hat sich dein langes Sitzen ja doch gelohnt."

Der Weg zum Mutterwerden war für Bärli nicht so leicht. Das einzige Küken (Oreo, Vater Horst, Mutter Roswitha), das aus einem von ihr gebrüteten Ei schlüpfte, kam eine Woche vor dem Schlupftermin der anderen gekauften Bruteier (aus denen kein einziges schlüpfte) aus seinem Ei. Damit Oreo nicht alleine aufwachsen muss, hatte ich von einem Züchter in der Nähe noch schnell ein Brahmaküken (Emma) geholt. Dann schlüpfte überraschend doch noch eins aus unseren eigenen Eiern, die Bärli gehortet hatte (Hermine, Vater Horst, Mutter Chantal). So hat Bärli jetzt drei süße Küken und ist glücklich. Eine glückliche Glucke. Könnte vom selben Wortstamm kommen, so passend ist es. Und ich bin Hühneroma geworden.

Gratulationen in Form von Kuchen, Pralinen und Sekt nehme ich huldvoll und dankend entgegen.

Es kann nur eine geben!

Ich: „So, Leute, heute gibt es Nudeln."

Die gibt es für die Hühnis selten, sehr selten, fast nie. Ich habe einen beinahe 17-jährigen männlichen Teenager zu Hause, da gibt es keine Reste und wenn doch, dann definitiv keine Nudeln. Ich muss ja schon aufpassen, dass er nicht noch die Teller mitisst. Diese Portion hier muss ihm entgangen sein. Auf das Wort „Nudeln" fahren meine Hühner ab. Ausnahmslos alle rennen auf mich zu, rempeln sich dabei rücksichtslos aus dem Weg. Wenn eine hinfallen sollte, ich bin sicher, die anderen würden sie einfach über den Haufen rennen. Das ist wieder so ein „Jurassic Park"-Moment. Ich sehe eine Herde gieriger Miniraptoren, Blick fest auf die Beute. Am schönsten sehen rennende Brahmas aus. Ein wallender Federberg, unkoordinierte strauchelnde Massen, wackelnde Flügel, herrlich. Das würde ich sehr gerne mal in Zeitlupe sehen. Roswitha fliegt sogar ein paar Meter.

Adele (schnaufend): „Blöde Angeberin."

Roswitha (als Erste bei den Nudeln ankommend): „Wer kann, der kann. Ich kann auch grüne Eier legen. Du nicht!"

„Nuuuudeln", schreien die anderen im Rennen, die armen, vollkommen ausgemergelten Hühner. Ist ja auch erst das dritte Frühstück und wir haben immerhin schon elf Uhr. Schnell stelle ich die Schüssel hin und weiche zurück.

Ich: „Meine Güte, man könnte meinen, ihr habt seit Tagen nix gegessen."

Roswitha „Aus dem Weeeeeg!"

Fussel schlittert, rammt Fluffy. Beide bekommen von Pippi eine Kopfnuss und stellen sich murrend wieder hinten an.

Fussel (hämisch): „Da sind Mehlwürmer drin!"

Pippi weicht entsetzt zurück, mit ihrer Mehlwurmphobie ist es wohl noch nicht besser geworden. Fussel und Fluffy kichern.

Chantal: „Mon Dieu!"

Pippi: „Nudeln!!!" Aus Versehen (hoffe ich) und vor lauter Gier hackt sie mich in die Hand.

Ich: „Aua!"

Pippi: „Sorry, sah aus wie ein Würstchen."

Horst: „Würstchen? Wo? Wo?"

„Wüüüürstcheeeen!!!" Hektisches Rumsuchen, die Nudeln fliegen in der Luft herum auf der Suche nach

Fleisch. Sie verlieren jegliche Contenance. Erinnert mich schon wieder an meinen Sohn, er hat ähnliche Essmanieren. Manchmal. O. k., meistens.

Ich: „Nein, nur Nudeln, keine Würstchen. Das war mein Finger." Aufgrund der abschätzenden Blicke verstecke ich rasch meine Hände hinter dem Rücken und gehe vorsichtshalber ein paar Schritte zurück. Sie besinnen sich zu meiner Beruhigung wieder auf die Nudeln. Roswitha schnappt sich eine und rennt los.

Roswitha: „Iff hab fie. Die beffte Nudel überhaupt. Die ffönffte, gröffte, tollschde, wohlschmeckendschde. Die Nudel aller Nudeeeeeeeln!"

Fussel (Fluffy anrempelnd): „Roswitha hat die größte Nudel. Höhöhö."

Ich verdrehe seufzend die Augen. Teenager sind doch alle gleich.

Freya (mit dem Flügel auf Roswitha zeigend): „Angriiiiiiffffff!"

Und los geht es. Roswitha mit Nudel im Schnabel vorneweg, der Rest im vollen Galopp hinterher. Nur Adele bleibt verschnaufend stehen.

Adele: „Wartet auf miiiiiiiich!"

Vor mir steht eine einsame Schüssel voller vernachlässigter Nudeln. Meiner Meinung nach unterscheiden sie sich nicht von den anderen, sehen genauso aus, riechen genauso, sind genauso groß. Eine Nudel gleicht der anderen. Aber was weiß ich schon. Es MUSS ja einen triftigen Grund dafür geben, dass es Roswithas Nudel sein muss.

Adele (laut keuchend, sich Luft zufächelnd): „Ich kann nicht mehr. Ich ... kann ... nicht ... mehr!"

Ich: „Wenigstens eine zeigt ein wenig Hirn. Warum muss es denn unbedingt die eine Nudel sein? Ist Roswithas Nudel die einzige, die schmeckt? Sind die anderen vergiftet? Kannst du mir das bitte mal erklären?"

Adele (die Augen aufreißend): „Roswitha hat die Nudel?"

Sie rafft ihre Federn wie ein Ballkleid und stürmt den anderen hinterher. Die Nudeln und ich bleiben fassungslos zurück. Aus der Ferne höre ich die Hühnis sich um die Nudel kloppen, um die eine einzige Nudel, die es wert zu sein scheint. Nachdenklich gehe ich ins Haus. In der Küche steht mein Sohn, schaut mir anklagend entgegen.

Sohn: „Du hast meine Nudeln gegessen."

Ich: „Nein. Ich habe sie gerade den Hühnern gebracht."

Sohn: „Den Hüüüüühnern? Meine Nudeln? Warum nur? Waruuuuuuuum?"

Fast weint er, der über zwei Meter große Kerl. Wegen einer Handvoll Nudeln. Er schaut durch das Fenster in den Kräutergarten, wo die Jagd noch immer in vollem Gang ist. Durch das Fenster zum Gemüsegarten kann er die Schüssel mit den restlichen Nudeln sehen. Er kneift die Augen zusammen.

Ich: „Du wirst doch nicht ..."

Doch. Wird er. Er ist schon unterwegs. Wir haben einen Jahresvorrat an Nudeln hier, in nicht einmal 20 Minuten hätte er eine Riesenportion frisch gekochter Nudeln gehabt, aber nein, es müssen die von gestern Abend sein. Durch das Fenster sehe ich ihn in den Gemüsegarten laufen und auf die Schüssel zusteuern. Die Hühner sehen ihn auch. Ich höre Horst, wie er die anderen auf meinen Sohn hetzt. Sie lassen von Roswitha ab und rennen nun meinem Kind hinterher. Soll ich ihm helfen? Ach nein, entscheide ich. Er wird sich schon durchsetzen können. Zumindest hat er dann heute Sport getrieben, das ist ja schon mal was. Dass er die Nudeln genießen kann, wage ich zu bezweifeln, die Hühner haben ihn gerade umzingelt und nähern sich ihm langsam.

Ich wende mich ab, das Ende will ich gar nicht sehen.

Auf einmal habe ich unbändige Lust auf Nudeln. Vielleicht suche ich mir die schönste aus der Packung aus. Nur eine. Die Nudel aller Nudeln, die eine, die es wert ist …

Das ist der Beginn einer wunderbaren Freundschaft!

Carlos (aus der Ferne): „¡Holaaa chicaaaaaaas!“

Horst (stinksauer): „Halt gefälligst deinen blöden Schnaaaabeeeel!“

Roswitha (verliebt): „¡Holaaaa Carlooosss!“

Horst: „Ihr glaubt gar nicht, was der Kerl mir auf den Sack geht.“

Adele: „Ich erwähne es nur ungern, aber du hast keinen.“

Bärli hält den Babys mit den Flügeln die Ohren zu und brummt leise. „Horst! Nicht vor den Kindern!“

Horst: „Wenn der es wagt, hier aufzutauchen, mache ich ihn fertig.“

Roswitha (mit Herzchen in den Augen, hauchend): „Meinst du wirklich, er kommt mal vorbei?“

Fussel (die Flügel reibend): „Das wird lustig.“

Horst: „Den bringe ich um.“

Bärli: „Man muss ja nicht immer gleich Gewalt anwenden. Wie wäre es denn mit friedlicher Nachbarschaft?“

Pippi (die Augen verdrehend): „Bärli wieder. Unser kleiner Gandhi."

Bärli (beleidigt): „Ich kann daran nix Falsches sehen, wenn man sich mit anderen gut verträgt."

Horst: „Der soll es nur wagen. Der blöde Italiener!"

Freya: „Spanier. Er ist Spanier!"

Carlos: „¡Hola, hola, holaaaaaaaa!"

Adele, Roswitha, Pippi und Freya im Chor: „¡Holaaaaa!"

Horst dreht sich um und hackt nach Roswitha. „Ich verbiete euch, mit ihm zu reden!"

Roswitha: „Pffff. Ich rede, mit wem ich will, wann ich will und so oft ich will!"

Horst: „Nicht, solange ICH hier der Chef bin!"

Carlos: „Heute besuche ich euch! Der Zaun wird repariert, da kann ich abhauen. In circa zwei Stunden bin ich da! Bis bald, chicaaaas!"

Roswitha (entsetzt): „Was? Verdammt. So wenig Zeit, so viel zu tun."

Alle Hennen bis auf Bärli und Chantal rennen im vollen Galopp ins Gewächshaus und schmeißen sich in den Sand.

Bärli (seufzend): „Na toll, als Mutter bin ich bestimmt uninteressant für ihn. Aber das ist schon o. k. Hausfrau zu sein, ist ein guter Beruf. Eine Berufung sozusagen. Aber dennoch ..."

Emma: „Mama?"

Bärli (ihre Flügel ausbreitend): „Hab euch lieb. Kommt her, meine Schätze. Mama hat euch lieb!"

Horst steht noch immer mit offenem Schnabel da.

Horst: „Ich fasse es nicht. Kommt da ein wildfremder Italiener her und meine Frauen – MEINE Frauen – machen sich schön! Für IHN!"

Chantal: „Er isssst ein Schpanieeer!"

Bärli zeigt den Kleinen das frisch gepflanzte Kräuterbeet, weist sie auf die filigranen neuen Stängelchen hin, die geradezu im Schnabel zergehen würden. Chantal geht mit Horst zum Gewächshaus.

Carlos: „Amooooor!"

Horst (aus voller Kehle krähend): „Hier macht nur einer Amore und das bin IIIIIICH!"

Im Gewächshaus ist die Hölle los. Ein Wirrwarr von Federn und sich wälzender Hühner, jede um den besten Platz ringend.

Adele (Freya wegstoßend): „Das ist MEINE Kuhle, die habe ICH gegraben!"

Roswitha: „Die habe ICH gegraben!"

Freya: „Gestern. Heute ist es meine! Geht alle weg!"

Adele (sich auf Freya setzend): „Werden wir ja sehen!"

Chantal (auf den Stufen stehend und entsetzt zurückweichend, einen Flügel auf dem Herz): „Mon Dieu!"

Horst: „Geht's noch? Alle raus hier!"

Keine reagiert. Sie wälzen und winden sich, schütteln sich, begutachten ihre Krallen.

Freya: „Weiß irgendwer, wie ich meine Krallen schön glänzend bekomme?"

Adele: „Wenn es eine weiß, dann sagt sie dir es nicht!"

Freya (buddelt Roswitha mit feuchtem Laub zu): „Na danke!"

Roswitha (wütend): „Jetzt muss ich von vorne anfangen, das geht doch aus den weißen Federn nicht mehr raus!"

Sie geht auf Freya los, die sich duckt. Es erwischt Adele, die ihrerseits auf Roswitha einhakt.

Bärli (an Horst gewandt): „Willst du nicht eingreifen?"

Horst: „Nein! Selbst schuld! Wenn sie sich so aufführen, wenn ein fremder Mann vorbeikommt ... Wenigstens Chantal ist mir treu."

Chantal: „Das at nischts mit Treue ssu tun. Isch mag nur keine Schpanier. Die ssind sso über-eblisch!"

Freya kommt raus, schüttelt den letzten Staub ab und poliert ihren Schnabel im Gras. „Fertig. Jetzt kann er kommen."

Horst (seine Krallen an einem alten Brett wetzend): „Ja, soll er nur kommen! Der nervt mich seit Monaten mit seinem blöden ¡Hola chicas!-Geplärre. Der ist fällig. So was von!"

Adele: „Spanier sind große Kerle." Mit einem Seitenblick auf Horst. „Der stürzt bestimmt nicht dauernd ab."

Fussel (sich schüttelnd, bis die Flusen fliegen): „Du weißt schon, dass die Spanier Kämpfer sind?"

Horst (aufhorchend, die Federn am Hals stehen ihm ab, mit erhöhter Tonlage): „Kämpfer?"

Fussel: „Ja natürlich. Das ganze spanische Volk besteht aus stolzen starken Kämpfern!"

Horst: „Ach ja?“

Roswitha (ebenfalls mit der Schönheitspflege fertig): „Ja klar. Das Volk der Toreros! Und die Hähne sind wunderschön! Und stark. Und groß!“

Horst (leicht panisch): „Ach jaaaa?“

Roswitha: „Oh ja. Sie sehen toll aus! Schwarze glänzende Federn, knallroter Kamm, weiße Maske ... und soooo stark!“

Freya: „Wie Zorro!“

Horst: „Zorro? Oh mein Gott!“

Er schaut sich um, noch niemand zu sehen. Seine Mädels sitzen in der Sonne, richten hier und dort noch ein widerspenstiges Federlein.

Fluffy zu Fussel, mit Seitenblick auf Horst: „Hast du den letzten Zorrofilm gesehen? Den mit der Peitsche?“

Horst: „Peitsche? Peitsche??“

Roswitha (hämisch): „Und los geht es!“

Horst (mit erblassendem Kamm): „Bin gleich wieder da.“

Er läuft hinter das Hühnerhaus, dort rennt er hysterisch im Kreis herum.

Pippi ist ihm gefolgt, hält ihn mit einem Flügel auf.

Horst (mit sich überschlagender Stimme): „Was, wenn er wirklich eine Peitsche hat? Was, wenn er Zorro ist? Oder von ihm gelernt hat? Was, wenn alle seine Geschichten wahr sind? Was, wenn er ein Stierkämpfer ist? Wer es mit Stieren aufnimmt, der kann es auch locker mit mir aufnehmen! Der peitscht mich aus, schlitzt mir mit seinen meterlangen Sporen den Bauch auf, weidet mich aus! Und dann nimmt er euch alle mit und ich verende hier, ich krepiiiiere hier einsam und alleine und –“

Carlos: „Hoooolaaa. Gleich bin ich dahaaaaa!“

Horst erblasst noch mehr.

Pippi rempelt ihn an. „Reiß dich gefälligst zusammen. Du weißt, was zu tun ist! Lass dich nicht so gehen! Keine Zeit für Angst."

Horst schüttelt sich, richtet sich auf und holt tief Luft.

Horst: „Aber –"

Pippi: „Kein Aber!"

Horst: „Aber ich –"

Pippi: „Sei ein Hahn!"

Horst schaut sie an, sie nickt ihm ermunternd zu und schiebt ihn hinter dem Hühnerhaus hervor. Die letzten Schritte geht er selbst.

Horst (mit fester Stimme, Pippis Flügel Mut gebend im Rücken): „Nun gut! Ein Hahn muss tun, was ein Hahn tun muss! Bärli – bring die Kinder weg." Äußerlich ruhig, doch innerlich zerfließt er vor Angst vor dem großen, berühmten spanischen Stierkämpfer. Doch wenn es sein letztes Stündlein ist – er will als würdevoller, tapferer Hahn in Erinnerung seiner Mädels bleiben.

Bärli: „Ja, Chef!"

Horst: „Fussel und Fluffy auch!"

Fussel: „Das ist unfair! Wir wollen auch –"

Horst (mit donnernder Stimme, die keinen Widerspruch duldet): „Sofort!"

Fluffy und Fussel rennen hinter Bärli und den drei Küken her. Bärli scheucht alle in den Stall und außer Sichtweite.

Horst (gefasst): „Gut! Ich bin bereit! Sollte dies mein letztes Stündlein sein, dann möchte ich euch noch etwas sagen. Ich liebe euch alle. Jede Einzelne von euch wird mir im Hühnerhimmel fehlen. Jede."

Er wendet sich an Roswitha, die mit zusammengekniffenem Schnabel zu ihm blickt.

Horst: „Auch dich, Rosi. Gerade dich. Es tut mir unendlich leid, dass ich dir keine Traube gegeben habe. Ich hab kurz vorher Blütenstaub in meine Augen bekommen und du weißt doch, ich habe eine Pollenallergie. Ich habe nix mehr gesehen und euch einfach verwechselt, das kann ja mal vorkommen. Aber ich liebe dich nach wie vor, egal, was ich in den letzten Wochen gesagt habe. Es tut mir von Herzen leid! Bitte verzeih mir ..."

Roswitha (mit Tränen in den Augen): „Es tut mir auch leid! Ich war so verletzt und –"

Horst abwinkend (mit trauriger Stimme). „Ist schon gut! Lasst euch alle noch einmal in den Arm nehmen, meine Mädels! Vielleicht ist es das letzte Mal ..."

Die ganzen Hennen stürmen auf ihn zu, breiten ihre Flügel um ihn. Alle sind sie da – Pippi, Roswitha, Adele, Freya und Chantal.

Adele (flüsternd): „Du schaffst das!"

Pippi (energisch): „Natürlich schafft er das. Ansonsten sind wir auch noch da. Nicht wahr, Mädels?"

Die Hühner heben die Köpfe.

Pippi (lauter): „Nicht wahr, Mädels?!?"

Alle Hühner: „Jaaaa!"

Horst wischt sich verstohlen eine Träne aus den Augen. „Lasst uns ihn am Tor erwarten!"

Pippi streckt wie einst Jeanne d'Arc das Schwert ihren rechten Flügel vor: „Los, Chef – auf in den Kampf!"

Gesammelt laufen sie zum Tor. Tief Luft holend stellt er sich vor seine Mädels. Sie hören es munter ganz in der Nähe krähen, Carlos muss jede Sekunde in der Einfahrt auftauchen. Die Mädels mögen zwar ihren Horst ... doch ein neuer Hahn ist zugegebenermaßen aufregend. Noch dazu ein temperamentvoller Spanier ...

Horst (krähend): „Carlos! Ich bin bereit!“

Carlos (in die Einfahrt spazierend): „¡Hola chicaaaas!“

Um die Ecke kommt völlig entspannt ein fröhlicher Zwergspanier stolziert. Er strahlt alle an und verbeugt sich. „¡Hola allerseits!“

Schweigen antwortet ihm. Die Hühner schauen sich an, manch eine wendet sich ab, damit Carlos ihr Grinsen nicht sieht.

Adele dreht sich wortlos um und geht.

Horst: „Ähhh ... Hola, hola!“

Pippi: „Hallo, Carlos!“

Freya flüsternd zu Roswitha: „Der wiegt ja nicht mal so viel wie Fussel. Und ist genauso winzig.“

Geschockt starren die Hühner Carlos an, der arglos seine Runde dreht und alle freundlich begrüßt. DAS ist der heißblütige spanische Lover, der ihnen monatelang Schauer über den Rücken rieseln ließ?

Pippi: „Schlaflose Nächte hat der Kerl mir bereitet … und jetzt das …"

Freya: „Mir auch …"

Roswitha (kichernd): „Schau dir dagegen unseren Horst an."

Horst ist sichtlich überfordert. Mit einem Flügelschlag könnte er Carlos vom Hof fegen. Aber das wäre eher peinlich als hähnlich. Er weiß nicht so recht, was er mit dieser Miniaturausgabe eines Hahnes anfangen soll.

Carlos (noch immer strahlend): „Sooo viele schöne Frauen …"

Freya: „Und sooo wenig Zeit, jaja."

Pippi: „Unnu?"

Horst (mit einer weit ausholenden Flügelbewegung): „Mädels – hier ist er. Euer Carlos! Ihr könnt ihn haben!"

Er kann sich ein Lachen nicht verkneifen. Mit stolzgeschwellter Brust, den Kamm feuerrot in der Sonne funkelnd, die Federn glänzend, kräht er aus voller Kehle. Er weiß, was für einen prachtvollen Anblick er bietet, hat er sich doch oft genug in der Terrassentür bewundert. Auch Carlos ist ein hübscher – aber halt eben winzig.

Chantal: „Mon Dieu."

Horst: „Viiiel Spaß!"

Mit zusammengekniffenen Schnäbeln stehen seine Mädels da, Horst muss lachen.

Pippi (fasst sich als Erste): „Nun, schön, dich kennenzulernen, Carlos. Dann komm mal mit. Gerade gestern haben sie auf dem Feld nebenan Mais eingesät. Das gibt einen Festschmaus."

Carlos: „Bueno. Vamos!"

Freya: „Und dabei kannst du uns alles über Spanien erzählen."

Horst läuft vor, Carlos und die Mädels folgen.

Carlos: „Ja nüüü, aischentlich heiss isch Heinz Mayer und bin aus Sochsen. Aber Spanier zieht bei den Frauen nadürlisch mäar."

Horst (feixend): „Nadürlisch."

Carlos (sich bei Horst unterhakend): „Ich glaube, das ist der Beginn einer wunderbaren Freundschaft ..."